Le secret de l'étalon noir

Le secret de l'étalon noir

Alain M. Bergeron

Illustrations de Sampar

ÉDITIONS
MICHEL
QUINTIN

Catalogage avant publication de Bibliothèque et Archives nationales du Québec et Bibliothèque et Archives Canada

Bergeron, Alain M.

Le secret de l'étalon noir

(Les p'tits romans Quintin)

Publ. à l'origine dans la coll.: Le chat & la souris. 2005.

Pour les jeunes.

ISBN 978-2-89435-447-6

1. Alexandre, le Grand, 356-323 av. J.-C. - Romans, nouvelles, etc. pour la jeunesse. I. Sampar. II. Titre.

PS8553.E674S42 2009 jC843'.54 C2009-941495-3
PS9553.E674S42 2009

Révision linguistique: Rachel Fontaine

Le Conseil des Arts du Canada
The Canada Council for the Arts

SODEC Québec

Patrimoine canadien Canadian Heritage

La publication de cet ouvrage a été réalisée grâce au soutien financier du Conseil des Arts du Canada et de la SODEC.

De plus, les Éditions Michel Quintin bénéficient de l'aide financière du gouvernement du Canada par l'entremise du Programme d'aide au développement de l'industrie de l'édition (PADIÉ) pour leurs activités d'édition.

Gouvernement du Québec – Programme de crédit d'impôt pour l'édition de livres – Gestion SODEC

ISBN 978-2-89435-447-6

Dépôt légal - Bibliothèque nationale du Québec, 2009
Dépôt légal - Bibliothèque nationale du Canada, 2009

Éditions Michel Quintin
C.P. 340, Waterloo (Québec)
Canada J0E 2N0
Tél. : 450 539-3774
Téléc. : 450 539-4905
www.editionsmichelquintin.ca

1 0 - M L - 3

Imprimé au Canada

Aux indomptables… Colette et Michel!

Chapitre 1

Une suggestion de cadeau?

— Que peut-on donner à un enfant de onze ans qui a déjà tout? demande le roi Philippe à son épouse Olympia.

En se promenant dans les somptueux jardins du palais, tous deux cherchent l'inspiration qui leur permettra, cette année encore, de combler Alexandre, leur fils unique.

— Chaque 21 juillet, c'est le même problème, se plaint la reine Olympia.

L'an dernier, le garçon a reçu un navire et un équipage de douze des meilleurs rameurs de la Macédoine. Ce bateau, acheté à prix d'or, s'est brisé sur les rochers le septième jour...

Alexandre voulait être à la barre malgré l'interdiction de ses parents. Il leur a tenu tête, et le roi et la reine ont abdiqué. Et tout comme son bateau, le garçon a échoué.

— C'est un enfant gâté, soupire le roi.

— Il vous ressemble en tout point, mon cher, lui rappelle la reine.

En désespoir de cause, les parents d'Alexandre se rendent aux appartements du maître des inventeurs, le mage Kolibrios.

En apercevant le couple royal sur le pas de sa porte, Kolibrios s'incline gravement.

— Mais que me vaut l'honneur de votre visite, mon roi et ma reine?

— Nous voulions savoir, cher ami, si vous n'aviez pas dans vos tiroirs une suggestion de cadeau pour notre fils adoré, s'informe le roi Philippe.

La reine jette un coup d'œil aux parchemins roulés qui encombrent le bureau de l'inventeur :

— Avez-vous une nouvelle invention sur votre table à dessin?

À ce moment-là, un cri retentit à l'extérieur.

— Venez voir ma dernière machine de guerre! clame l'inventeur, excité, en entraînant le couple dehors.

Une centaine d'esclaves, répartis en deux rangées, attendent leur tour pour prendre place dans une grosse cuve, reliée à un madrier. Ils ont tous un point en commun : ils sont terrifiés.

— Prêt? s'enquiert un homme penché vers l'esclave assis dans la cuve.

— Non! répond-il.

— Allez-y! ordonne l'homme aussitôt.

Un étrange mécanisme se déclenche alors et le madrier se dresse subitement dans les airs. L'esclave est ainsi projeté très loin de son point de départ.

— Ça s'appelle une catapulte, explique l'inventeur.

— Pourquoi n'utilisez-vous pas de grosses pierres au lieu de ces malheureux esclaves? questionne la reine, inquiète de leur sort.

— Pour ne pas gaspiller les munitions, ma reine. Ordre du roi Philippe, fait l'inventeur, mal à l'aise.

— On a plus d'esclaves que de pierres, n'est-ce pas, Kolibrios? s'empresse d'intervenir le roi.

— Oui, en effet, confirme l'inventeur. Et les esclaves, s'ils en réchappent, peuvent nous indiquer la distance parcourue. C'est très utile pour les calculs.

— C'est ridicule! tranche la reine.

Deux esclaves, mal en point, se présentent devant l'inventeur. L'un, dont la toge est trempée, a des marques de dents sur les bras et le torse. L'autre boite péniblement et tient son bras gauche, visiblement cassé.

Celui-ci annonce, d'une voix faible :

— Mille huit cent quarante-trois pas.

— C'est un record! s'exclame Kolibrios, après avoir consulté ses notes. C'est cent pas de plus qu'hier.

— Vous vous êtes blessé? demande la reine avec compassion.

— Oui. J'ai frappé un arbre, ma reine, répond-il en s'inclinant. Si c'est le prix à payer pour défendre votre royaume, je suis prêt à recommencer.

— Et vous, mon brave? s'informe le roi auprès de l'esclave à la toge mouillée.

— Je suis tombé dans le fleuve, explique-t-il.

— C'est moins douloureux que de percuter un arbre, lui fait remarquer l'inventeur.

— Il n'y a pas de crocodiles dans les arbres, mon maître, rétorque l'esclave, les dents serrées.

— Des crocodiles dans le fleuve? s'offusque la reine. C'est horrible!

— Ordre du roi, pour protéger nos frontières naturelles, observe l'inventeur, de plus en plus mal à l'aise.

La reine n'a pas le temps de riposter, car un avertissement est lancé :

— Attention!

Le couple a eu tout juste le temps de s'écarter. Près d'eux, vient de passer en coup de vent un magnifique étalon noir, poursuivi par les soldats. Il bouscule au passage l'inventeur, qui se retrouve assis dans la catapulte.

— Allez-y! commande la reine à l'esclave le plus près.

— Nooooon! hurle Kolibrios, avant de s'envoler sous les acclamations des esclaves.

— Beau tir! s'écrie le roi, admiratif. C'est sûrement un record!

Chapitre 2

Toujours des calculs!

Pendant que le roi et la reine continuent de chercher le cadeau idéal pour leur fils, Alexandre songe à ce qu'il pourrait recevoir pour ses onze ans. Il espère que, cette fois-ci, la surprise durera plus longtemps qu'une seule semaine...

— Vous avez la tête ailleurs, Alexandre, lui signale Aristote, son professeur.

— Quelle était la question, déjà? soupire le garçon, d'un ton las. La racine carrée de l'hypoténuse?

— Combien font dix et dix? lui rappelle le professeur.

— Ah oui! Esclave de l'addition! lance sèchement Alexandre, en claquant des doigts.

Une femme s'avance timidement et lui souffle la réponse à l'oreille.

— C'est cent, répond-il avec nonchalance.

— Vous vous êtes trompé, constate son professeur. Dix et dix font vingt. Une autre mauvaise note à votre dossier.

Furieux, l'élève foudroie du regard l'esclave féminin.

— Je suis désolée, maître, dit-elle, mais l'esclave de l'addition a été soustrait de ses tâches. Il a

été muté à la catapulte, et mangé par les crocodiles, hier. Je suis l'esclave de la multiplication, d'où mon erreur.

— D'accord, lâche Alexandre, agacé. Pour chaque erreur, il faut recopier cent fois la bonne réponse. Ce travail devra être terminé pour midi.

— À vos ordres, maître, dit l'esclave, s'exécutant sur-le-champ.

Boudeur, le garçon s'adresse à son professeur :

— Puisque j'ai perdu ma calculatrice pour l'avant-midi, je vous suggère fortement une pause…

Aristote n'a d'autre choix que d'acquiescer.

— Vous avez de bien curieuses méthodes d'apprentissage, mon garçon…

— L'école m'ennuie! À quoi me sert de compter ou de lire? Je veux me battre!

— Chaque chose en son temps. Vous n'avez que dix ans, après tout, philosophe Aristote.

— Bientôt onze! Seriez-vous en train d'insinuer que je suis trop petit pour aller à la guerre? gronde Alexandre, menaçant.

Du coup, il arrache du mur une épée qui y était accrochée. Il la brandit en direction de son professeur. Habitué aux soudaines mais courtes colères de son élève, Aristote demeure

de marbre. Il croise les bras et compte :

— 1-2-3-4-5-6…

Le garçon laisse tomber l'épée au sol. Elle est décidément trop lourde pour être maniée aisément.

Constatant qu'Alexandre est touché dans son orgueil de fils

de roi, le professeur se fait conciliant.

— Vous avez tenu le coup deux secondes de plus qu'hier, l'encourage-t-il en lui tapotant l'épaule.

Mais déjà, l'épisode est oublié. Toute l'attention d'Alexandre se concentre sur le magnifique cheval noir qui est apparu devant lui.

Chapitre 3

La première rencontre

Jamais encore Alexandre n'a vu une bête aussi belle dans tout le royaume de la Macédoine. Du cheval se dégage une puissance qui impose le respect. L'animal au galop s'arrête brusquement pour rebrousser chemin. Il trotte jusqu'au garçon, puis penche la tête vers lui. En silence, tous deux se regardent, s'étudient.

Quelque chose effraie alors l'étalon noir qui repart au galop, sur le sentier menant à la sortie des jardins. Des soldats ont toutefois prévu la manœuvre et lui barrent la route. À leur vue, le cheval se cambre et rue

pour se frayer un chemin. Habilement, les soldats lancent des cordes autour du cou de l'animal pour le maîtriser. Ainsi encerclé, l'animal paraît se calmer.

— Ne le blessez pas! commande Philonéicus, le marchand de chevaux du royaume. Et ne le

laissez pas s'échapper encore une fois!

L'homme chauve et ventru s'approche de la bête pour lui parler. De nouveau, le cheval prend peur et réagit violemment. Le marchand évite de justesse

une terrible ruade et tombe à la renverse. Philonéicus a besoin de trois esclaves pour le remettre sur pied.

— Tu es vraiment indomptable! crie-t-il au cheval.

Est-ce une illusion? Alexandre a l'impression que le cheval n'a pas henni… mais qu'il a ri. À son tour, il sourit.

— Il faut reprendre l'étude, insiste Aristote.

Tandis que le cheval prend la direction des écuries royales, Alexandre retrouve son banc d'école.

L'enfant est incapable d'oublier ce long moment où ses yeux

étaient plongés dans ceux de l'animal. Comme lorsque deux amis viennent de se découvrir…

Chapitre 4

Des volontaires

Dès que le roi Philippe et la reine Olympia ont aperçu l'étalon noir, ils ont compris que le cadeau de leur fils aurait quatre pattes.

Ils chargent le marchand de chevaux de préparer la bête pour la fête. Philonéicus les avertit que le cheval a tout un caractère.

— Ils sont faits l'un pour l'autre, ironise le roi Philippe.

— Il faudra encore du temps pour l'apprivoiser, remarque le marchand.

Le roi ne veut rien entendre. Il le somme de livrer le cheval cet après-midi, après le dessert.

— Ça ne sera pas du gâteau, admet Philonéicus en s'éloignant d'un pas rapide.

Dissimulé derrière une immense colonne, Alexandre n'a rien manqué de la conversation. Avec discrétion, il suit le marchand jusqu'aux écuries royales.

— Au travail! hurle le maître des lieux aux soldats et aux esclaves.

Il consulte le petit sablier à son poignet.

— Il ne reste plus beaucoup de temps pour dompter cet animal… Je promets dix talents d'or à celui qui parviendra à rester assis sur le cheval, clame-t-il à la ronde.

Les volontaires ne se bousculent pas, malgré l'importante

récompense promise. Tous sont conscients de l'issue de leur tentative.

— Je promets dix coups de fouet à celui qui ne se portera pas volontaire, reprend Philonéicus.

De faibles protestations s'élèvent. L'un après l'autre, les

esclaves et les soldats essaient de monter l'étalon noir. L'un après l'autre, ils sont projetés violemment au sol.

— C'est ton premier essai? murmure un esclave à son voisin.

— Non, répond celui-ci, en désignant la marque d'un sabot sur son front. Et toi?

— Moi si, enchaîne le premier, se tenant le bras gauche et marchant en boitant.

— Mais tu es blessé?

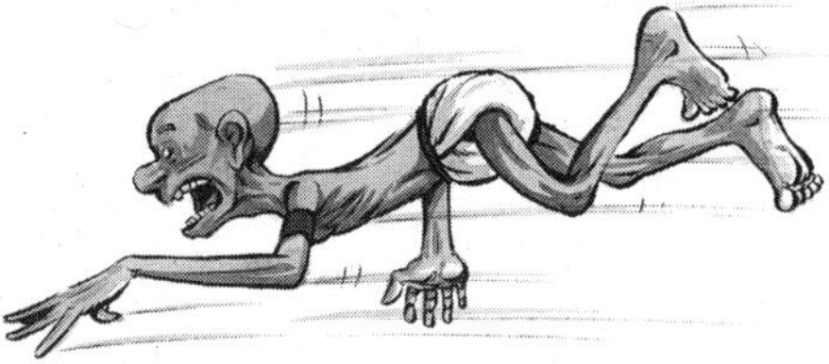

— Oui, mais ce n'est pas à cause du cheval. Je servais de pierre à catapulte. J'ai été muté aux écuries pour ma sécurité et ma santé…

Alexandre demeure attentif. Il observe que le cheval reste calme pendant quelques instants. Puis qu'il prend le mors aux dents, comme s'il avait peur ou mal…

Plus le temps passe et plus la conclusion apparaît inévitable pour Philonéicus : l'étalon noir est indomptable.

Découragé, il ignore comment il annoncera la nouvelle au roi et à la reine. Il n'a plus de temps d'y réfléchir : ceux-ci se présentent aux écuries royales.

Un esclave projeté par le cheval rate de peu la reine. Celle-ci l'aide à se relever.

— Vous êtes d'une nature sensible, mon brave, lui dit-elle. Allez donc vous occuper des éléphants. Ce sera moins dangereux pour vous.

L'esclave s'incline respectueusement et s'éloigne en tenant toujours son bras gauche.

Le couple royal ne peut cacher sa déception devant l'échec du marchand de chevaux.

— Qu'on le mette à mort! dit le roi, en pointant son index en direction de Philonéicus.

— Moi? s'étonne le marchand.

— Pas vous! Le cheval, là, derrière vous!

Devant le regard courroucé de sa reine, le roi s'empresse d'ajouter :

— Qu’on le retourne plutôt dans la nature!

— Moi? s’étonne encore le marchand.

— Pas vous! Le cheval, là, derrière vous! Ce qu’il est bête, celui-là!

— Moi? Ou le cheval? s’inquiète Philonéicus.

La reine Olympia sourit de satisfaction. C'est le moment que choisit Alexandre pour intervenir.

— Mon père, ma mère, il serait bien dommage qu'un bon cheval soit perdu à cause du manque de courage ou de compétence de ces hommes…

Sa remarque est suivie de murmures de désapprobation dans le camp des esclaves et des soldats.

— Le fils de mon roi et de ma reine aurait peut-être une solution à ce petit problème? le met au défi le marchand de chevaux.

Décidé à donner une leçon à son enfant un peu trop prétentieux à son goût, le roi renchérit :

— Alexandre, pourquoi n'essaierais-tu pas à ton tour de monter l'étalon noir?

— Non! tranche sa mère. Ce serait trop dangereux. Mon petit est décidément... euh... trop petit!

Piqué au vif, le garçon bombe le torse.

— Mère, je suis grand et je sais ce qu'il faut faire, affirme-t-il.

— J'ai bien hâte de voir ça, grogne le marchand de chevaux.

Chapitre 5

Un secret

Alexandre sent tous les regards braqués sur lui. Il est conscient, également, que plusieurs souhaiteraient le voir se ridiculiser à son tour. Les spectateurs se délectent à l'avance de sa déconfiture, tout comme l'an dernier avec le bateau.

Il s'approche doucement de l'étalon noir. Il découvre la tache blanche, en forme de taureau, sur son large front... Le cheval demeure immobile. Reconnaîtrait-il le garçon? Soudain, il s'emballe. Alexandre se jette de côté, évitant la charge de l'animal.

On entend des gloussements dans la foule. D'autres qu'Alexandre auraient été humiliés. Mais c'est la gêne qui rougit ses joues lorsqu'il entend sa mère s'écrier :

— Mon pauvre petit chou! Aidez-le!

Un esclave veut intervenir, mais Alexandre le repousse d'un geste.

Le cheval revient lentement vers le garçon, qui sourit maintenant. Le fils du couple royal ne doute pas du dénouement heureux de la situation.

De nouveau, il s'avance vers le cheval. Il lui parle à voix basse comme s'il lui révélait un secret.

— Je sais ce qui t'effraie, lui chuchote-t-il à l'oreille, tout en lui caressant doucement le museau.

Il oriente la tête du cheval vers le soleil.

— Voilà… Tout va bien, lui dit-il.

L'étalon noir ne bouge pas d'un crin.

— Marchepied! ordonne Alexandre.

En raison de sa petite taille, il lui est impossible d'enfourcher le cheval. Un esclave se précipite et se jette à quatre pattes sur le sol. D'un élan, Alexandre prend place sur le dos de l'étalon noir.

Il agrippe sa crinière et hurle. Le cheval démarre en trombe.

Le garçon, sur sa monture, peut saisir l'incroyable force et la foudroyante rapidité de la bête. Pendant presque une heure, il parcourt les environs du palais, soulevant sur son passage des exclamations et des

nuages de poussière. Chaque fois, il anticipe la direction que prendra le cheval. En même temps, l'étalon noir paraît deviner les intentions de son cavalier. Comme si Alexandre et l'animal ne faisaient qu'un...

À leur retour dans les jardins du palais, ils sont accueillis par des applaudissements enthousiastes. Le roi lève le bras pour imposer le silence.

— Mon fils, tu devras chercher ton propre royaume. La Macédoine est trop petite pour toi!

— En attendant, coupe la reine, désireuse que son fils ne

s'éloigne pas trop rapidement d'elle, voici ton cadeau. Bon anniversaire!

Alexandre est rejoint par son professeur Aristote.

— Alors, quel est votre secret?

Le garçon se penche vers lui :

— Vous m'avez appris à observer... et...

— Et…?

Il caresse le cou de l'animal.

— C'est très simple : il avait peur de son ombre… C'est pour ça que j'ai guidé sa tête vers le soleil avant de le monter.

— Comment vas-tu appeler ton cheval? s'informe la reine.

— Quelqu'un a une suggestion? demande le roi à la ronde.

Des noms fusent de partout : Furie, Jolly, Tempête, Esprit… Le garçon en a suffisamment entendu. Son idée est arrêtée depuis longtemps.

— Ce sera Bucéphale, réplique Alexandre.

Un long silence s'ensuit.

— Tête de taureau? reprend Philonéicus, le marchand de chevaux. Mais pourquoi?

Le garçon montre du doigt la tache blanche, en forme de taureau, sur le front de l’animal.

— Vous êtes vraiment faits l'un pour l'autre, s'exclame le roi en riant. Deux têtes de taureau ensemble : les indomptables!

Son fils s'amuse de la remarque. Il a un nouvel ami, dont seule la mort pourra le séparer, cela beaucoup, beaucoup plus tard.

Avec Bucéphale, le petit Alexandre deviendra un des plus importants conquérants de l'histoire du monde : Alexandre le Grand.

Épilogue

Effectivement, la Macédoine est trop petite pour Alexandre et son cheval Bucéphale. Quelques années plus tard, ils quittent leur patrie pour élargir l'empire grec, de l'Égypte jusqu'aux Indes. Pendant vingt ans, Alexandre et son cheval seront à la tête des troupes.

Bucéphale est blessé mortellement lors d'une bataille en l'an 326 avant Jésus-Christ. Avant de mourir, il a le temps de ramener Alexandre en sécurité.

Bouleversé par la mort de son compagnon, Alexandre le Grand

fonde, à l'endroit même où son cheval a été enterré, une ville du nom de Bucéphalie.

Trois ans plus tard, Alexandre meurt à son tour à l'âge de 33 ans, piqué par un moustique, porteur de malaria.

Ainsi se conclut l'une des plus grandes complicités qui ait existé entre un homme et son cheval.

Table des matières

Les titres de la série Alexandre :

BIO GAZ
ÉNERGIE

100%

Ce livre a été imprimé sur du papier contenant 100 %
de fibres recyclées postconsommation, certifié Écolo-Logo
et Procédé sans chlore et fabriqué à partir d'énergie biogaz.